图说中国物质文化遗产

第四辑

寺观壁画

元明

杨平 主编

长江出版传媒 湖北美术出版社

序

刘醒龙

有句话说得格外形象传神：在山西，值得深挖的除了煤矿，还有历史沉淀下来的壁画和彩塑。

只要到山西，任何时候都能在一条国道、省道上遇见一眼望不到头的大型卡车长龙。那些承载能力超强的钢铁巨兽，甚至连县道和乡道也不放过，既不知已经拖走了多少史上著名的乌金，更不知高高大大的太行、吕梁两座大山，仍旧埋藏着多少让人趋之若鹜的黝黝煤炭。与声势浩大的前者完全相反，“养在深闺”当中的山西壁画和彩塑，即便赫赫有名，多数人对其也是知之甚少。比如：芮城永乐宫殿内的《朝元图》被誉为元代壁画艺术的最高典范，繁峙岩山寺的壁画被称为画在墙上的《清明上河图》，五台山佛光寺大殿佛座上的壁画为全国唯一现存唐代寺庙壁画，洪洞水神庙《大行散乐忠都秀在此作场》是全国唯一现存古代戏剧壁画，忻州九原岗《狩猎图》《升天图》墓葬壁画入围“2013 年度全国十大考古新发现”，晋祠圣母殿一大群彩塑堪称古代造型艺术极品，等等。三晋大地上，自唐至清，异彩纷呈的寺观壁画达 27259 平方米，彩塑 17000 多尊，不是专业人士，纵然能借得一双慧眼，仍旧像坐井观天，很难看透真容。

第一次见识山西壁画，是那一年同海峡两岸的一群作家到介休。在名叫后土庙的古刹里，几位工匠正在几处墙壁上忙碌，问起来，才知他们全都来自敦煌，虽然其貌不扬，但个个都是修复壁画的顶尖高手。高人出手，对应的肯定也不是等闲之物。那一次，只顾看修复工艺，没有太注意壁画本身。2018 年深秋，在河南省宝丰县城西北的训狐寺（龙兴寺）见到了半幅壁画，反而看了个够。说是寺庙，实际上已多年没有僧人往来，寺庙本身已与村舍融为一体，大殿半是客厅，禅房亦为厨房。关键是连村舍都被放弃了，世俗那一半已经坍塌，佛家那一半因有石柱横梁支撑而留存了下来，就在那一半的墙壁上现出吴道子亲绘的一幅壁画。断垣残壁之上，虽然烟火痕迹很浓，但仍然掩盖不住那艺术的光彩。

在介休后土庙那一次，其实就见过山西彩塑，但由于太过关注敦煌来的能工巧匠，反而忽略了它们。直到前两年到长治观音堂，一进殿门便大吃一惊。不由得记起 20 年前，在河北正定隆兴寺见到的五彩悬塑观音像，那尊架着二郎腿，右手自然地搭在左手上，面容恬静的菩萨，曾被鲁迅先生称为“东方维纳斯”。在长治，一座小小的观音堂，密密麻麻的彩塑菩萨像中，各式潇洒自如、无拘无束的塑像姿态美不胜收、数不胜数，那尊架二郎腿的菩萨，实在是普通得不能再普通了。鲁迅先生在 1942 年从西安由渭水入黄河而回北京的日记中写得很清楚：“八月八日，昙，午抵潼关，买酱莴苣十斤，泉一元。午后复进，夜泊阌乡。”“八月九日，晴，逆风，午抵函谷关略泊……”这是他平生唯一一次歇脚于山西土地，严格地说，如此匆匆连一瞥都算不上，否则，那“东方维纳斯”的美名就有可能留在山西了。

关于壁画和彩塑，也是由于职业之便，这些年见过不少，包括在大西北的一些地方，进到某些出于保护目的，只有研究者才有限准入的洞窟，看一看艺技之大美，叹一叹人世之沧桑。包括在山西亲眼所见的几处，全都被冠以“国宝”之称。相比其他类型的“国宝”，壁画与彩塑的文化属性非常直截了当，见着了，就能体会到。10 年前，曾在《大洪山半禅记》中写道：“世人皆有佛性，诸佛皆有人性。”无论哪里的壁画和彩塑，包括山西，画的是佛，说的是人，画的是人，说的是佛。那些居高的画像彩塑，面相和缓，眉目细长，鼻窄唇小。它们或立或坐或侧卧，或有所指，或有所思，平和端庄，慈祥安泰，令人景仰。若武当然雄姿英发，气贯斗牛；若文则披轻纱如天衣，清秀端庄，气度儒雅。座前驾后，不是莲花牡丹，就是梧桐杨柳，天上地下，若非祥云彩虹，便有黄鹿白鹤。画壁之上，高堂之内，从来容不得尖嘴猴腮之怪，也见不到鸡鸣狗盗之形。虽然不全是人生常态，也不太可能是生活的真相，但一定是千万年以来，对人生、对生活的朴素理想。

内蒙古阴山岩画，作为人类早期的岩画之一，在长达一万年左右的时间里，用互相连接的图像，把整座山脉变成一条东西长约三百公里的画廊。在文字还没有出现的岁月，人类用这种方法来表达情感、交流思想。毫无疑问，壁画先于文字出现在人类的历史长河当中。后来才出现的文字，虽然方便人的交流与表达，却比不了：多少年后，画还是画，看一眼就能醍醐灌顶；文字越是发展，越是繁复，反而造成诸多不便。天下的孩子，都曾经历过信手涂鸦的一段小小时光，虽然那不是真的壁画，但也不敢说那种涂鸦与壁画传统风马牛不相及。所以，将生物解剖与人体架构等物质性的因素暂且搁置不论，用直觉去相信，我们的基因中继续存有祖先的传统。假如远祖与高祖们在旷野之上凿石刻画，与未知世界进行文化交流的经历就包含在看不见的基因里，关于涂鸦的解释就说得过去了。

山西人民创造了许多五彩斑斓、千年不减光彩的壁画与彩塑。从唐宋到明清，诸神众煞，千家百业，包括打醋用煤，都有具体呈现。壁画和彩塑艺术，包括山西境内的，普遍都面临着“你等待我太久，然而我来得太迟”的现状，我们需要加快探索与保护的步伐，别让“太迟”造成遗憾，以保障壁画与彩塑艺术长存于世。

目录

一 历史沿革

中国的壁画艺术源远流长，迄今为止寺观壁画艺术保存最完整、最丰富、最精彩的省份当属山西。自隋唐以来，佛教学风『破斥南北，禅义均弘』，佛教本土化的趋向更加明显。北方在兴建佛教石窟的同时，也开始注重地面礼拜寺院的建造（早期礼拜更多在洞窟），寺观壁画也在此时开始全面进入山西地区。宋辽金时期壁画艺术从晋南发展到晋北，到明清时期已遍布全省。

朝元图·东极青华大帝
元代
运城芮城县·永乐宫三清殿

元代

元代是中国历史上疆域最广阔的朝代，元代统治者鼓励宗教发展，特别是全真教得到了成吉思汗的认可，得以在元代繁荣发展。在统治阶级的支持下，大量道观被新建、改建，因此元代道教寺观壁画的水平成为我国寺观壁画的一个高峰。

当时在晋南活跃着一个水平极高的画师班子。据史料推测，这是一个以画师朱好古为首的，至少传承三代的画师班子，其艺术风格被后世称为“朱好古画派”，影响深远，甚至影响了明代晋中、晋北乃至河北、北京的古壁画风格。

明代

明代统治者对宗教采取更加宽容的政策，道教、佛教、儒家思想都在民间发展壮大，甚至出现三教合一的现象。这一时期的壁画内容开始展现实用性的特质，艺术风格也呈现世俗化的趋势，壁画的功德主、题材和服务对象都出现了变化。

明代遗留的寺观壁画总面积居各朝之首，其中不乏精妙之作，如公主寺、稷益庙等。

朝圣图
明代
运城新绛县·稷益庙正殿

二 种类与题材

中国壁画艺术纷繁复杂，一般被分为四类：建筑装饰壁画、墓葬壁画、石窟壁画、寺观壁画。

在元代，宗教的单一性被打破，藏传、汉传佛教并举，全真教等发展迅速。宗教的多元化使这一时期寺观壁画的创作题材十分丰富。

佛教

密宗明王题材（唐代即有，只是在寺观壁画中没有遗存）早在觉山寺辽代壁画中就已经出现。在元代，出现了十明王题材，应该与藏传密宗有关。汉传佛教题材的壁画多为对称布局的巨幅说法图，画面中心为主尊说法，一众菩萨、天人、弟子等拱卫两旁听法供养。

在明代，佛教寺观壁画的题材元素多为佛、菩萨、弟子、天王、罗汉、明王、金刚、二十诸天、供养人和各种经变及佛传故事。

道教

自唐代以来，道教宫观壁画蔚然兴起。唐末宋初，因统治者的格外尊崇和诸多画家的精彩创作，道教题材的壁画盛极一时，可惜这些作品早已湮灭，仅见于文献记载。现存的道教宫观壁画最早可追溯至元代。

宗教的融合

到了元代晚期，水陆法会作为一种新的壁画题材开始崭露头角。水陆法会全称为“法界圣凡水陆普度大斋胜会”，是一种设斋供奉佛神以追荐超度亡灵众鬼的大法会。水陆画是水陆法会上供奉的宗教人物画。经过五代及宋的流传与发展，水陆画逐渐形成一套完整的艺术体系。现存最早的水陆法会题材壁画存于稷山青龙寺。这种题材在山西呈现较好的发展势头，直至明清依然还是寺观壁画中的主要题材之一。

三 艺术风格

元代

元代壁画延续了宋代风格，特别是人物造型几乎与宋代风格保持一致，多采用超长线条表现人物的衣纹（有的线条长度甚至超过了 3 米），设色依然以石青、石绿为主色调，辅以朱红、赭石、藤黄等色。元代壁画鸿篇巨制较多，常有一面甚至多面墙绘制一个题材，满壁风雷云动，为寺观营造出圣殿般的氛围。

明代

明早、中期继承元代风格，汲取元代人物造型特色，创造出符合明代审美风潮的作品。明晚期壁画的艺术性逐渐变弱，内容、构图等方面逐渐程式化，佛像、菩萨的形象也形成了统一的标准。在这个时期，晋北的壁画受北京、河北壁画影响较大。繁峙公主寺的明代壁画成为这一时期的代表作品。

大梵天主像
明代
大同阳高县·云林寺

公主寺壁画不仅因为绘制精美、人物众多而备受关注，更为研究这一时期山西、河北、北京的画师流派和技艺传承提供了重要的参考依据。山西公主寺与北京法海寺、河北正定毗卢寺的壁画，不论是题材还是部分人物的样貌、服饰、法器、姿态等，都有诸多相似之处。另外，明代壁画设色比前朝更加丰富。除石青、石绿、朱红、赭石、藤黄外，还使用了胭脂等新兴颜料，并普遍采用多层晕染的方法来增加色彩的丰富性。

四 绘制工具与工艺流程

壁画一般由功德主出资聘请画师班子来创作。画师们先根据功德主的要求绘制白描『小样』，和功德主确认大致效果。小样的绘制要借鉴『稿本』。稿本可以简单理解为画师们的素材集。正是因为稿本的存在，我们可以在不同的壁画中看到相同的元素，并找到它们之间的联系。小样确定之后，将画面关键部位（头、手、重要器物等）制作成『粉本』。粉本是在纸上绘制的线描稿，和壁画成品等大，用来拷贝到墙面上。

“粉本”的使用方式

一种是将粉本上的线条扎孔，将它铺于墙面上，然后用白粉扑打扎孔处。取下粉本后，墙上出现白点，画师可依据白点儿勾线。另一种是将粉本背面沾上白色，将其铺于墙面上，用竹签等工具将稿线勾一遍。取下粉本后，墙上就会出现白线，再依据白线勾线起稿。

小样一般会留给寺观，而稿本和粉本则是画师们重要的创作资料，其丰富程度和精美程度是画师班子水平的主要体现形式之一。稿本和粉本也是新老画师们薪火相传的宝贵资料。或许是因为这种师承关系以及稿本、粉本的传承应用，我们在壁画中往往能看到前朝的元素，也能分析出不同地区、不同年代壁画中的内在联系。

地仗

壁画正式开始绘制的第一个步骤是制作“地仗”，即处理墙面以便作画。地仗处理的好坏直接影响壁画的保存效果。宋代的《营造法式》中就有关于制作地仗的记录。先用粗泥、竹篾、麻等材料做一层或几层基础，然后在其上用细沙泥、白沙、胶土等做表层，刷胶水后用白土（掺有轻胶水或豆腐浆的白垩土，又叫“白土粉”）再横竖各刷一遍。大多数的石窟及寺观壁画均采用类似的方法制作地仗，区别在于层数和使用的材料不同。墙体以土坯为好，可以防止墙面返碱破坏壁画，永乐宫壁画就绘于土坯墙体之上，且墙体中钉有竹钉。地仗处理得好，因此保存效果较好。如果是砖墙，最好先在墙缝中钉入麻穗，有助于地仗的附着。

勾线

粉本上墙之后，就进入起线稿（勾线）的步骤。中国古代壁画对线条的绘制水平要求极高，勾线的人通常是画师班子中的高手。长度惊人的线条，是元、明时期晋南壁画的一个特点，永乐宫壁画中有近 4 米的超长线条，且看似没有断笔。通过考据推测，古人画壁画用的是一种被称为“捻子活”的特制毛笔，用木棍做笔杆（有说笔杆中空，便于持续给墨），笔头用猪鬃制作，使得勾出的超长线条粗细变化不大，刚劲有力。

上色与颜料

线稿起好后就可以开始上色，基本是使用平涂的技法。有时一个匠人只负责填一种颜色，他根据画师留在墙上的记号，将这种颜色全部涂完。

中国壁画采用的大多是矿物颜料和少量植物颜料，到了清朝末期也开始使用化学颜料。矿物颜料品种有朱砂、石绿、石青等，由带颜色的矿石磨成粉制成。矿石研磨的颗粒粗细不同，所制颜料的颜色也会有不同。通常矿石研磨得越细，颜料颜色越浅，也可通过加热等方法改变颜料的颜色。这样一来颜料的品类就变得丰富起来。颜料要加入水、胶（鹿胶、兔胶、桃胶等）、矾、蛋白液、桐油、漆等调和后才能附着在墙面上。多层的颜色叠加或是两种颜色变换叠加顺序，都会呈现不同的效果，这就是多层晕染。上色完成后，还需要画师在关键部位重新勾线，以突出画面的主体。

沥粉贴金

壁画创作中还有一种特殊的工艺——沥粉贴金。沥粉贴金是用白色的膏在壁面上画出线条，反复多次后线条会有一定厚度凸出墙面，这时在线条上刷上胶，再将薄如蝉翼的金箔贴上去，粘牢后将多余的金箔扫掉，只留下金色的线条。这种技法多用于展现人物的衣纹、铠甲、首饰或器物、家具、建筑等，使得壁画熠熠生辉。这种技法在隋唐时期就已经出现，高平开化寺壁画是使用沥粉贴金工艺的代表案例。

五 保护与传承

山西寺观壁画数量之多、延续之久、艺术之精，冠绝全国，但由于人为的原因，一些珍贵的壁画流失海外。据统计，现存的山西壁画有两万四千余平方米，而这些也出现了残缺、断裂、空鼓、酥碱、龟裂、起甲、颜料层脱落、表面污染等多种病害，保存状况令人担忧，其中相当一部分险情严重，亟需进行抢救性保护。为了保护这些古代的艺术遗珍，官方、民间的学者们和时间赛跑，要赶在它们被毁坏之前把它们记录下来。

保护

1932 年至 1937 年，中国营造学社的学者们对中国大地上的古建筑进行了大量的勘探和调查，成为壁画保护的先行者。中华人民共和国成立后，山西重要的壁画遗存连同建筑先后被评为国家、省、市、县四级重点文物保护单位，使得山西的壁画得到了初步的保护。进入新千年后，政府和民间一起行动起来保护壁画。

复制

保护的主要手段包括记录和修复，最终目的还是要传承。最早一批学者走遍山西临摹壁画，在照相技术得到发展后，以杨平老师为代表的一批学者开始有计划地拍摄山西壁画，希望把它们保存下来。近些年，随着超高清扫描技术的出现，山西省文物局与社会机构合作，针对重要的壁画也进行了超高清扫描，为山西壁画正式存档立照。

而另一批学者将目光投向了流失海外的山西壁画，他们自费往返于欧洲、美国、加拿大的众多博物馆，拍摄流失海外的壁画。他们甚至通过各种渠道，获得对方博物馆的授权，对壁画进行复制。如江苏理工学院的王岩松老师带领他的团队用了十多年的时间复制了流失到海外博物馆的众多中国古代壁画。他说：“流失海外的中国壁画我买不回来，那就画出来吧，让这份记忆能流传下去。”正是由于这一批批学者的努力，现在散布在各大博物馆的山西壁画大多找到了出处，一些碎片也得以相拼，这不得不说是不幸中的万幸。

修复

对于壁画的修复，山西省文物局专门成立了机构培训修复人员，近十年来针对山西各地的壁画按计划开展修复工作，如洪洞水神庙。2019 年 3 月 25 日，山西省彩塑壁画保护研究中心举行挂牌仪式。其主要职责任务调整为制定彩塑壁画保护新材料、新工艺、新技术标准规范；编制全省彩塑壁画保护修复方案；实施全省彩塑壁画的保护修复工程；培养彩塑壁画领域专业技术人才；建立全省彩塑壁画数字化信息平台；对全省古代建筑及其附属文物进行技术保护。由此，山西的壁画保护工作迎来了新的工作局面。

六 作品欣赏

元代壁画

✣永乐宫

永乐宫，前身为纪念吕洞宾的吕公祠，后毁于火灾。元中统三年（1262年）扩建为“大纯阳万寿宫”，后称“永乐宫”。1959年，为建三门峡水库，当地历时5年将永乐宫从原址山西省运城市芮城县西南的永乐镇整体搬迁到现址——芮城县北龙泉村东侧。目前保存4座元代殿宇建筑，即龙虎殿（无极门）、三清殿、纯阳殿和重阳殿。四大殿均遗存有元代壁画。

举世闻名的《朝元图》被绘制在三清殿四壁和神龛的扇面墙内、外壁上，画面高度近5米，总长近百米，总面积达400余平方米，共绘神祇290余身。主要内容为六天帝、二帝后率领众仙朝拜元始天尊。《朝元图》以八位主神为主体，每一主像两旁配以各种神祇，场面阔大，气势恢宏。

1. 东极青华大帝

也被称为“东极青华太乙救苦天尊”，是道教“四御”之一。传说他能够济度十方人鬼，在全真教派神祇中有相当尊贵的地位。

右图中东极青华大帝为立像，头戴冕旒，身着帝服，腰系玉带，右手执圭。体态雍容，凝视前方，在玉女们的搀扶下呈行进之态。

朝元图
元代
运城芮城县·永乐宫三清殿

2. 南极长生大帝

为道教“四御”之一，总御万灵。

此图中南极长生大帝端庄站立，身材魁梧，神态庄重，头戴冕旒，身着帝服，手持香炉，居众人中心。

3. 东华上相木公青童道君

又称“东王公”或“木公”，被全真道尊奉为教主。

4. 天猷副元帅

天猷副元帅有三头六臂，执剑等兵器，威武彪悍。

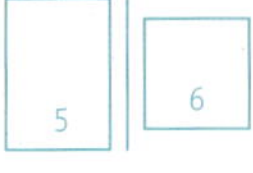

5. 后土皇地祇

全称“承天效法厚德光大后土皇地祇”，是道教尊神“四御”中的第四位天帝。她掌阴阳，滋万物，因此被尊为“大地之母”。

左图中后土皇地祇为圣后装束。头上方有宝盖，身体两侧有宫扇，头戴凤冠，手执玉圭，足着尖头凤履。神情庄严，显示出母仪天下的气度和威仪。

6. 白玉龟台九灵太真金母元君

也称“西王母”，俗称“王母娘娘”，掌管女仙。

右图中西王母着凤冠品服，上有宝盖，后有背光，端庄自若，温柔亲和。西王母周围为太乙神十身，他们面容端庄，仪态威严。画面左下角，太乙真人身着蓝袍，头微低，脸微侧，双手持笏，似乎有要事启奏。

7. 昊天金阙无上至尊自然妙有弥罗至真玉皇上帝

即玉皇大帝，居于太微玉清宫，统领三界十方内外诸神与芸芸众生，管辖世间一切兴隆衰败、吉凶祸福，是在“三清”之下，“四御”之上的大神。

左图中玉皇大帝神态肃穆，头戴冕旒，龙袍玉带，端坐于宝座之上。头顶宝盖悬空，彩云缭绕，仙曹、玉女侍立两旁。

8. 天蓬大元帅

右图中天蓬大元帅手持三天火印、帝钟和长矛，须发竖立，面容狰狞，威风凛凛。

9. 青龙星君

青龙与白虎、玄武、朱雀列为四象。青龙在中国传统二十八星宿体系中是代表东方的灵兽。此处以青龙星君代指二十八星宿中的东方七宿。

左图中青龙星君右手执剑，左手张开，侧身而立，神态凝重。身体重心放在右脚上，显示出英武威严的气势。画面左上方为三位功曹，他们身着官服，手持玉圭，头戴幞头，神态逼真。这幅作品中的青龙为后世补绘，勾线与着色功底均不及元代水准。

10. 白虎星君

白虎亦为“四象”之一，在二十八星宿体系中是代表西方的灵兽。此处白虎星君代指二十八星宿中的西方七宿。

右图中白虎星君挺胸抬头，泰然而立，右手持矛，左手拈珠，雄视前方。白虎伏于身后，三位侍者作武士装束，手执斧钺，与青龙星君图中三位功曹相呼应，一文一武，动静相宜，颇为生动。

八仙过海图

元代

运城芮城县·永乐宫纯阳殿

《八仙过海》是一则广泛流传的民间传说。八仙分别为汉钟离、张果老、韩湘子、铁拐李、吕洞宾、何仙姑、蓝采和及曹国舅。永乐宫纯阳殿壁画中八位仙人分为两组排列，左右呼应，人物塑造生动传神，海面波涛汹涌，增添了画面的动势。整幅作品疏密有致，是少有的独幅壁画佳作。

✣青龙寺

青龙寺初建于唐龙朔二年（662年），元、明、清代多次重修，但基本保持着元代式样。学界一般认为青龙寺腰殿遗存的元代水陆壁画是我国现存年代最悠久的水陆壁画，也是我们认识水陆壁画发展难得的资料。永乐宫三清殿、纯阳殿的壁画在技法上与它相似，所以研究者猜测青龙寺腰殿水陆壁画也可能是元代朱好古画师班子的作品。

阿难与面燃鬼王
元代
运城稷山县·青龙寺腰殿

阿难在修习禅定时看见一位皮包骨、火焰烧头，样貌诡异恐怖的鬼王。鬼王自称面燃，预言阿难三天之后将堕落饿鬼道，需布施百千个饿鬼及百千个婆罗门仙，并供养三宝才可化解。阿难向佛陀禀报，佛陀教阿难陀罗尼施食法，阿难遵照佛陀的教化与指示，设“面燃大士”的牌位，设斋供养，因此获得解脱。

九横死众

元代

运城稷山县·青龙寺腰殿

《药师经》所说的“九横死”为：得病无医，得病而不为医疗也；王法诛戮，所为非道而为国法所刑戮也；非人夺精气，耽荒乐而身不慎，鬼怪乘隙夺其精气也；火焚，被火焚烧也；水溺，坠于水而溺死也；恶兽啖，于山林中为恶兽所啖食也；坠崖，自绝壁坠下丧其命也；毒药诅咒，中毒药，罹诅咒而死也；饥渴所困，困于饥渴而死也。

下图中一元代士兵双手持枪，凶神恶煞地押解一众亡魂：戴白头巾的女性、骨瘦如柴的老人、骷髅等。整个场景可谓阴森恐怖，人物皆形容憔悴、绝望消沉。

✣水神庙

水神庙位于山西省洪洞县，因供奉水神明应王而得名。庙内明应王殿内四壁绘有近200平米的元代壁画，内容包含祈雨、行雨、酬神及历史故事等。水神庙壁画勾线功底老练，用色丰富鲜活，人物造型生动饱满，其中《捶丸图》《对弈图》《卖鱼图》等生活气息浓厚，记录了元代的风俗民情。

明应王殿东壁绘《行雨图》以明应王及眷属群像为中心，四周绘有《卖鱼图》《园林梳妆图》《古广胜上寺图》等内容，与西壁的《祈雨图》相呼应。

该幅壁画描绘祈雨奏效，甘霖普降。水神明应王端坐于华座之上，明应王前方的地面上摆放着供器，供器两侧朱瓶中盛放着宝珠与珊瑚，供器两侧各有一只孔雀。画面上方行云布雨的众神正施放云气。画面右下方则是完成降雨的龙王率部族来到明应王面前复命。

东壁全图
元代
临汾洪洞县·水神庙明应王殿

下图描绘一处府邸中，方桌上摆放着酒坛、双耳杯、金盘等。桌后站两侍者：年长者须髯及胸，右手持酒壶；年少者眉清目秀，双手托金盘。画面前方，渔翁头包软巾，着黄色服饰，腰别长柄弯钩，赤足芒鞋，他右手拿着由草绳串好的两条鲜鱼，身后放着扁担篮子，饱经风霜的脸上挂着讨好的笑容；买家身着棕绿色服饰，戴幞头，神情自若给鱼过称：两者从服饰到表情都形成鲜明对比。这幅作品展现了元代不同社会阶层的人物面貌，也展现了当时贵族阶层的生活片段。

卖鱼图
元代
临汾洪洞县·水神庙明应王殿

园林梳妆图

元代

临汾洪洞县·水神庙明应王殿

下图中正在梳妆的红衣女子是画面中的核心人物，她身边的四名仕女各司其职。画师用苍松、翠竹、牡丹、山石等元素精心布局，将画面划分出层次。各种元素共同组成了一幅优美的园林图景。

古广胜上寺图

元代

临汾洪洞县·水神庙明应王殿

下图中的楼阁状建筑是广胜寺山门，寺院被廊庑环抱在内。山门后为第二道门楼，前面的旗杆上有幡帛迎风招展；门楼后为广胜寺塔，塔体绽放佛光；塔后为十字歇山顶三层楼阁；阁楼后是以走廊相连的两座殿堂，这是元代较为流行的“工字殿”格局；最后是一座带有两座配殿的单檐歇山顶殿堂。

下图中演员、乐师共十一人，他们的身份、年龄、角色不一，分前后两排，以身着红衣的忠都秀为中心，众人目光也聚焦在他身上。画面背景为帷幕，上挂两幅画作，左侧一幅绘持剑人物，右侧一幅绘墨龙，升腾于苍松云雾间。画面人物众多、背景复杂，却繁而不乱、层次分明，体现了画师对作品高超的掌控能力。

杂剧图

元代

临汾洪洞县·水神庙明应王殿

捶丸图
元代
临汾洪洞县·水神庙明应王殿

“捶”为击打，“丸”即小球。捶丸是古代一种以球杆击球入穴的运动项目，类似现代的高尔夫。

上图中山顶处有一块较平整的地面，两名身着朱袍的官员正在捶丸取乐。左侧的官员俯身弯腰，一手拿着球杆正准备击球；另一名官员手拿球杆守在球洞旁，静待击球完成。两名侍者侍奉左右，专注地观察着球局形势。

对弈图

元代

临汾洪洞县·水神庙明应王殿

山间溪畔，两名着官服的男子在石案上下棋。左边那名目光坚定，右手落子；右边那名一腿盘曲，聚精会神地看着对手出招儿，右手伸入棋盒内欲作下一步应对。边上四名侍者，分别手捧瓶、杯，握扇，抱包袱，看得津津有味，目光都关注着棋局的进展。

尚食图

元代

临汾洪洞县·水神庙明应王殿

九名仕女围绕着桌子料理膳食。桌上摆放着茶盏、罐子、水壶等物件。仕女们各司其职，其中有一名身男装，手持羽扇，侍立在旁。画面右下角有一个莲花形炉灶，一名仕女蹲在地上，左手拿扇，右手用铁钩通炉灶扒煤渣；另一名仕女手握壶把手，右手举起衣袖遮于额头上，避开炉火的热气。

尚宝图
元代
临汾洪洞县·水神庙明应王殿

七名仕女各司其职，有条不紊地料理各种精美的器物。通过众多侍女、华美的服饰、富丽堂皇的室内陈设，可见当时贵族阶层富庶、精致的生活状态。

✣公主寺

水陆画是伴随佛教水陆法会产生并发展起来的宗教画。开设法会时救度者与被救度者集于一堂，凡与会者都可以得到超度。水陆画经前朝的流传与发展，到明代已经形成一套完整的艺术体系，严谨工整、技艺精湛。公主寺水陆壁画包含近500位人物，他们神态各异、个性鲜明、栩栩如生。画面布局极有层次，细节丰富，繁而不乱。

群仙赴佛会
明代
忻州繁峙县·公主寺大雄宝殿

1. 观世音菩萨

观世音菩萨头戴花冠，项戴璎珞，左手端白碗，右手于胸前拈柳枝，法相慈祥。

2. 大梵天主

大梵天主头戴冠冕，身着华服，右手执法器，左手从身侧侍女捧奉的红盂内拈一宝珠，造型生动。大梵天主身后侍者双手执幡，小心谨慎，随侍在侧。

3. 帝释天主

帝释天主为汉族贵妇装扮。头戴冠冕，身着华服，面相温和，左手捧一盆花。其身后两侍女，一名执幡，一名双手捧花。背景中祥云环绕，展现了仙境之气。

4. 后土圣母

后土圣母盛装出行，俨然一幅凡间诰命夫人的装扮。发饰尤为华丽，上有华胜、金簪等，流光溢彩。耳环及肩，项戴各式珠宝，衣饰仿佛被风吹起。背后两名侍者执障扇，神情肃穆，以衬托圣母的威仪。

后土聖母衆
信吉男善人
王俊

四海龍王衆

5. 四海龙王

四海龙王为官员装扮。戴冠冕、持笏板、着官服。其中两位龙王为白肤，神态平和肃穆；另外二位，一为红脸一为黑脸，皆怒目圆睁。

6. 北极四圣

玄天上帝与天蓬大帅均位列“北极四圣”，是北方星宿之神。

玄天上帝为中年男子形象，面如满月，龙眉凤目，散发，不戴冠，身着盔甲，外披文官服饰，右手持剑，左手搭右肘上方，开掌向下，跣足而立。天蓬元帅睁目开口，头发竖立，戴小冠，内着盔甲，外披红袍，剑挂于右手。

✤稷益庙

稷益庙是为祭奉农牧先祖黄帝、伏羲、大禹、后稷和伯益等修建的。稷益庙壁画绘于明正德二年（1507年），以传说故事为素材，描绘农牧先祖的事迹，题材方面在寺观壁画中可谓独树一帜。

朝圣图

明代

运城新绛县·稷益庙正殿

《朝圣图》表现了文武百官等前来向伏羲、黄帝、炎帝朝圣的场景。画面的正中间为朝拜仪式的核心——“三圣”，“三圣”的两侧分列多名仕女，往外是文武百官和护法神将。文官们恭敬而立，有的手持笏板；武将则英姿飒爽，威仪有度。

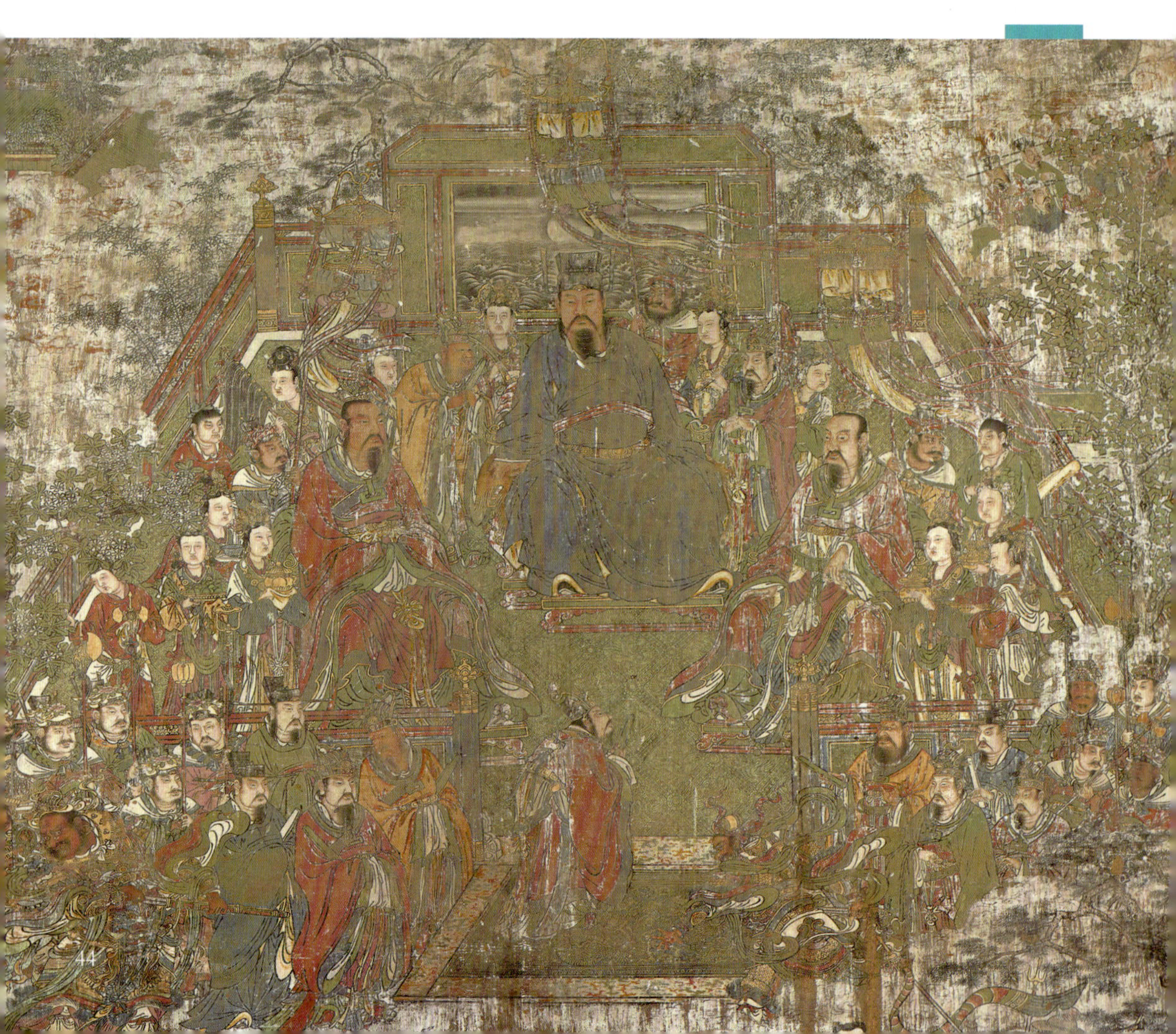

张大帝赴会朝圣图

明代

运城新绛县·稷益庙正殿

传说张大帝是上古时期姜姓部落的首领，又称“赤帝”“烈山氏”，一说为神农氏或神农氏的子孙。

下图中张大帝头戴东坡巾，羽扇白髯。身前二鬼扛斧，为开山辟路之引路鬼卒；持印仙童和举幡鬼卒随侍；身后紧随大队部众，场面声势浩大。队伍的尾部是被云雾环绕的歇山式宫殿，从匾额来看为张大帝行宫。画面中人物众多，虽是列队但行进时人物相互顾盼，使得画面有熙熙攘攘、人声鼎沸之感。而宫殿只刻画屋顶也是创作者匠心独运之处，有“深山藏古寺”的意境之美。

帝王拜圣图

明代

运城新绛县·稷益庙正殿

左图中人物众多，领首参拜者身着帝服，率领百官朝拜“三圣”牌位。这幅作品场面宏大，画面左侧还有一处有趣的细节：四名祭祀人正在焚烧祭品，烟雾弥漫。两个小童仰着头，其中一个以手指天，张嘴似乎在说什么。他们是被什么吸引？难道是有神迹出现？

作者对蝗虫精进行了夸张处理，它几乎与人等高，蝗口大张，满嘴利牙，双爪尖利，蹬地挣扎。两名身材魁梧的农夫，咬牙瞪眼，一拉一捆，将蝗虫精牢牢擒拿，剑拔弩张的气氛跃然壁上。

捕蝗图
明代
运城新绛县·稷益庙正殿

酆都城（阴司地府）外怪石嶙峋，灰暗的色彩、枷锁、刑具、形容枯槁的游魂，无不给人以压迫感，虽未展现十八层地狱的种种酷刑，但这种种暗示呈现出的恐怖效果更甚于直白地展现血腥痛苦的惊心场面，这种表现方法有一种儒家的含蓄蕴藏其间。

鬼卒驱魂图

明代

运城新绛县·稷益庙正殿

✤ 云林寺

云林寺始建年代不详，现存主体为明代建筑。寺内大雄宝殿三面殿墙满绘壁画，约 120 平方米。壁画为大型水陆画，各像侧身做朝贺状，由此形成诸仙礼佛的庞大场面。壁画以重彩平涂为主，以沥粉贴金装饰，使大殿更显金碧辉煌。

龙王礼圣图
明代
大同阳高县·云林寺大雄宝殿

龙王是我国神话传说中统领水族的王，可兴云降雨，属四灵之一。礼圣图作为佛教壁画的经典题材在各寺观较为常见，创作者用作品表达了对神明的敬畏之情。

下图中两组龙王均面相丰腴，阔脸大耳，身着官服，头戴官帽，手持笏板，脚踏祥云。

后土圣母礼圣图

明代

大同阳高县·云林寺大雄宝殿

后土圣母掌阴阳育万物，为道教尊神，大地之母。对其崇拜源于母系社会自然崇拜中对土地与女性的崇拜。

下图中后土圣母头戴凤冠，身着华服，双手合十，神情肃穆，在众侍女的簇拥下脚踏祥云，缓缓前行。两名侍女撑宝伞，另外两名拖着盛有宝器的托盘。

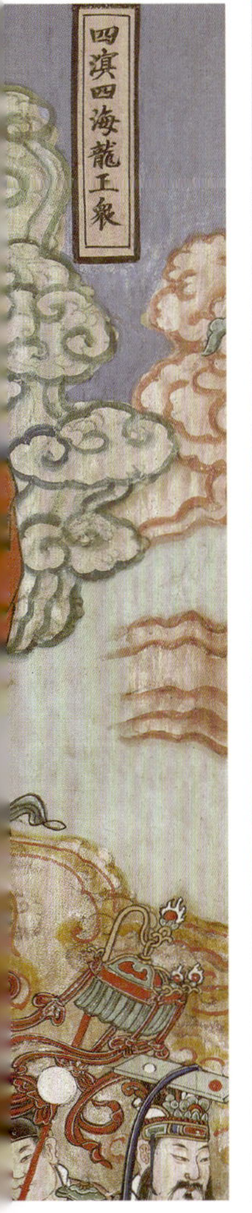

✣ 太符观

太符观有正殿昊天玉皇上帝殿（即玉皇殿）、五岳殿和后土圣母殿，昊天玉皇上帝殿存有壁画《朝元图》，后土圣母殿则存有《奉物图》《奏乐图》等壁画，描绘了后土圣母侍女们的日常琐事，具有浓厚的生活气息。

奉物图
明代
吕梁汾阳市·太符观后土圣母殿

四名侍女着青衣，饰红色丝带，面容娇好，神态各异。其中有奉书册者、有奉宝盒者，推测她们应该是侍奉后土圣母文书工作的侍女。图中书册可能是生育者或婴儿的名录，宝盒中放置的是印章等物。

奏乐图

明代

吕梁汾阳市·太符观后土圣母殿

五名侍女分别演奏琵琶、笙等乐器。弹奏琵琶的仕女横弹曲项琵琶，似乎用拨子弹奏，这是自北朝胡乐入华以来形成的演奏方式和形制。到了明清之际琵琶多为直项，横弹改为竖弹怀抱式且不再用拨子演奏了。

✤后土圣母庙

后土圣母庙现存主体建筑建于明嘉靖二十八年（1549年），清代有修缮。圣母庙中《出巡图》《宴乐图》《回宫图》三幅壁画故事情节连贯，相映成趣。

出巡图·銮驾起迎图

明代

吕梁汾阳市·后土圣母庙圣母殿

《銮驾起迎图》是《出巡图》的一个局部。图中后土圣母在宫女的簇拥下移步向前，身后两面绘有金凤的障扇。画面右下角绘有迎驾的传令官等，均恭敬无比。

回宫图·备迎圣母图

明代

吕梁汾阳市·后土圣母庙圣母殿

《备迎圣母图》是《回宫图》的局部。图中殿内侍者、侍女严阵以待，添香奉宝，各司其职，以众仆人的状态衬托出了后土圣母的尊崇地位。

巡幸图

明代

吕梁汾阳市·后土圣母庙圣母殿

圣母坐在带有青色华盖的车辇中，神龙腾飞，车驾平稳。四周神将护卫森严，祥云环绕，仪仗甚隆。

宴乐图·宫廷乐伎图
明代
吕梁汾阳市·后土圣母庙圣母殿

《宫廷乐伎图》是《宴乐图》的局部。图中乐伎、宫女分别拿笙、曲项琵琶、琴等乐器，以及卷轴、灯、宝盒等物行进。个个面容娇美，身姿俏丽。她们均着长裙，发髻与发饰、配饰形式大致统一，又各有特点。

幽冥地府图
明代
朔州怀仁市·崔府君庙府君殿

✤崔府君庙

崔府君名崔珏，是民间信仰的神仙之一，据传他“昼理阳事，夜断阴府”。该庙的壁画内容是地府的赏罚形式，七十九司各司其职。崔府君庙壁画布局大致统一，根据各司职能变换具体内容，宣扬忠孝节悌、轮回报应等观念，从而劝诫世人趋善避恶。

1. 子孙司

下图中一名妇女带着三名孩童。“因果说”中有“前世积福，今世多子”的观念。这种观念引人向善，以期福荫子孙。

2. 五瘟司

五瘟是中国民间传说中的瘟神。祭拜五瘟以求家畜平安，寄托了人们祛邪、避灾、祈福的美好愿望。图中虎、马、牛、鸡、兔五瘟本为天界神祇，即使在地府也是威风凛凛。

五瘟司

3. 贵贱司

四名身穿孝服之人伤心欲绝，一名女子神情忧伤，被两名鬼卒押解前往地府。虽然漫天纸钱飞舞，可此时即便腰缠万贯又有何用？贵贱贫富如同过往云烟，人心向善才是正道。

4. 福寿司

堂下红衣人左手持令牌，右手牵动系在另一人的脖颈上的长绳。被束缚者愁眉不展，显然福寿已尽，而红衣人实则是索命的地府神将。

5. 游狱司

下图描绘了唐太宗游地府的故事。唐太宗身着黄袍，脚步踉跄，二指向天，正在对判官说着什么。两名侍者搀扶着他往外走，而他却执意留在此地继续理论。堂上的判官崔钰双手捻须，鬼吏正笔走龙蛇地修改着生死薄，为唐太宗增寿。

6. 忠孝司

一位端坐莲座的老者显像，一男一女分别跪在老者两侧。男子指天誓日大声辩解，应该是不肖之徒为自己的行为申辩，女子则温良贤淑、平静坦荡，应该是前世孝顺的女儿，此刻问心无愧。

月報司

7 8

7. 月报司

左图中既无幽怨号哭的游魂，也无抽筋扒皮的酷刑，只有祥云中一弯金色的下弦月。弯月象征着月亮有阴晴圆缺的各种状态，月月报，时时报，体现“善有善报，恶有恶报，不是不报，时辰未到”的朴素善恶观。

8. 贼盗司

判官神情安详，而两名跪着的男子神色紧张，正作揖磕头，争相陈词。右侧的男子身后背着一个牛头，在曾经的雁北地区有俚语“背着牛头不认账”，形容那些巧取豪夺、欲盖弥彰的盗贼。

9. 黑风司

一名驭龙的金刚正在威吓三名颤栗不已的孤魂。黑风司应该是一个审判杀人越货、抢劫放火者的司衙。“月黑杀人夜，风高放火天”，“黑风”二字正是从中提炼而来。古人对俗语的灵活应用，使得我们更加顺利地了解壁画的含义。

10. 还愿司

还愿司由两位神将守护，堂下一人磕头祷告，一人手捧酒杯，二人中间有一头小猪。还愿司主要惩罚那些不恪守诺言、轻易妄言之人，小猪代表他们轮回的出口。

11. 宰杀司

有二人正在被恶鬼宰杀，如意宝镜上重现二人生前屠杀动物的场景。这幅作品以生前死后的对照告诫世人要爱护生灵，不可随意杀生。

12. 斗秤司

一名手持杆秤，生前缺斤少两的奸商正在被捶打。可见古人对诚实守信的追求和对那些喜欢愚弄他人的商贾的痛恨。这幅作品告诫世人切莫损人利己，否则永堕地狱。

13. 锯解司

两名恶鬼用大锯将一人从中锯开，场景血腥恐怖，令人毛骨悚然。观者要从道德教谕的角度理解这些壁画，此壁画的目的是以杀戮场景警示世人。

鋸解司

✤ 广胜上寺

广胜上寺壁画存于弥陀殿、西垛殿、毗卢殿中。毗卢殿绘有《十二圆觉佛会图》和五十三尊坐佛等内容，极为精美。五十三尊坐佛皆着红色袈裟，结跏趺坐于莲台之上。各佛有的带冠，有的留螺发。莲座前供有各种宝物，身后佛光普照。各佛之间以头光、祥云分隔，繁而不乱。

五佛图

明清

临汾洪洞县·广胜上寺毗卢殿

五身佛像并排而坐，画面的构图是以中间一尊佛像为中心，呈对称式布局。

居中佛像头戴冠冕，胸戴璎珞，显得与其他四佛不同。手结禅定印，坐于青色莲花上；佛前贡物为一颗红色宝珠，放白色光芒；其头光为暖白色，头光后有黄色祥云衬托；背光为透明状，透出背景中的黄云。

左起第一尊佛像坐于粉绿色莲花上；佛前贡物为三颗宝珠，带有火焰，放白色光芒；头光为暖白色，头光后由红莲、黄云衬托；背光为透明状，可见黄色祥云升腾。

左起第二尊佛像左手托一朵莲花，右手结说法印，坐于白色莲花上；佛前贡物为贡果一盘，放绿色光芒；头光为粉绿色，由红云衬托放出彩色光芒，背光为红色。

左起第四尊佛像左手结转轮印，右手捏一粒药丸，坐于白色莲花上；佛前贡物为灵芝、珊瑚，放绿色光芒；头光为粉绿色，头光由红云衬托并放出五彩光芒；背光也为红色。

左起第五尊佛像双手结说法印，坐于粉绿色莲花上；佛前贡物为三枚贡果，放白色光芒；头光为暖白色，头光后由黄云、华盖衬托；背光为透明状，背透出黄云升腾，形如灵芝。

图书在版编目（CIP）数据

寺观壁画. 元明 / 杨平主编. —— 武汉 ：湖北美术出版社，2024.3

（图说中国物质文化遗产. 中国最美. 第四辑）

ISBN 978-7-5712-2101-0

Ⅰ. ①寺… Ⅱ. ①杨… Ⅲ. ①寺庙壁画－中国－元代－图集 ②寺庙壁画－中国－明代－图集 Ⅳ. ①K879.412

中国国家版本馆CIP数据核字(2023)第220246号

寺观壁画. 元明

SIGUAN BIHUA.YUANMING

主　编：杨　平
编委会：王岩松　刘晓波　谢　薇
摄　影：欧阳君　张晓磊　梅　佳

策　　划：袁　飞
责任编辑：龚　黎
技术编辑：吴海峰
责任校对：杨晓丹
书籍设计：乐少辉

出版发行：长江出版传媒　湖北美术出版社
地　　址：武汉市洪山区雄楚大街268号
　　　　　湖北出版文化城B座
电　　话：(027)87679525　87679526
邮政编码：430070
印　　刷：武汉精一佳印刷有限公司
开　　本：710mm × 1000mm　1/16
印　　张：5
版　　次：2024年3月第1版
印　　次：2024年3月第1次印刷
定　　价：68.00元